찰스 다윈,
진화의 비밀을 풀다

찰스 다윈
진화의 비밀을 풀다

서보현 글 · 안은진 그림 · 김학현 감수

천개의바람

1장 다윈을 만나다 … 6

꿈의 연구실 … 8
신기한 책장 … 13
다윈은 수집가? … 18

2장 질문을 찾다 … 22

다윈의 노트를 엿보다 … 24
질문을 발견한 여행, 비글호 항해 … 34
핀치새의 부리에 숨겨진 비밀 … 40

3장 **다윈의 연구실** … 48

다윈의 어린 시절 … 50
변화의 흔적을 찾아내다 : 따개비 실험 … 56
자연 선택은 냉정해 : 잔디밭 실험 … 64
전혀 다른 것을 엮어 보다 : 식충 식물 실험 … 71

4장 **실패해도 괜찮아** … 82

첫 번째 실험에 실패하다 … 84
모르는 것을 숨기지 말자 … 89

똑똑 공부 **진화의 증거, 화석** … 98

꿈의 연구실

"우당탕!"

까치발을 하고 책장 선반의 먼지를 닦으려는데, 위에 있던 잡동사니가 우르르 쏟아졌다.

"치워도, 치워도 끝이 없어!"

울컥, 화가 나서 소리를 질렀다. 해도 잘 들지 않아 곰팡내가 나고 두껍게 쌓인 먼지에, 구석구석 거미줄이 쳐진 이곳을 내 연구실로 쓰겠다고, 청소도 내 손으로 하겠다고 큰소리를 쳤을 때 엄마가 혀를 끌끌 찼었지. 치사하다, 얼마나 힘들지 말도 안 해 주고. 벌떡 일어나 내 손으로 만든 간판을 쳐다봤다.

'과학자 김진우의 첫 번째 연구실'

그렇다, 여기는 나의 첫 번째 연구실이다. 어떤 과학자의 위인전을 읽어 봐도 처음부터 번쩍거리는 연구실에서 실험을 시작한 사람은 없다. 훌륭한 과학자가 될지 안 될지도 모르는 어린아이에게 번드르르한 연구실을 만들어 줄 부모가

세상에 어디 있겠는가. 어마어마한 부자가 아니고서야! 하지만······.

나는 주변을 둘러보았다. 낡은 책상 위에는 고장 난 현미경과 누나가 쓰다 버린 노트북 컴퓨터, 그 옆에는 사슴벌레 사육 통이 놓여 있었다. 오래된 책장에는 과학책과 비커며 삼각 플라스크 같은 실험 도구 한두 개, 또 열심히 조립해 둔 로봇. 그리고 굴러다니는 먼지?

'아니야, 여기서 그만둘 수는 없어. 얼마나 많은 과학자들이 실패를 거듭하며 실험을 했는데! 난 아직 제대로 된 실험을 해 본 적도 없잖아!'

난 책장 선반에서 떨어진 잡동사니들을 종이 상자에 쓸어 담고는 다시 걸레를 잡았다. 손을 뻗어 책장의 맨 위 선반을 걸레로 쓱 훑었다.

어, 그런데 갑자기 쨍그랑 소리가 나는 거다.

"뭐야, 뭐가 깨진 거야?"

책장 주변과 선반을 둘러보았지만 유리 조각은커녕 부스러기도 보이지 않았다. 나는 선반의 가장 뒤쪽까지 살펴보려고 까치발을 하고 고개를 쭉 내밀었다. 선반 깊숙한 곳에 채집한 생물을 보관하는 데 쓰일 법한 유리병들이 오종

종하게 서 있었다. 병에는 아무것도 들어 있지 않았다. 아무리 생각해도 우리 가족 중 이런 병을 쓸 만한 사람이 없는데…….

"신기하네. 이런 건 처음 봤는데?"

나는 병을 자세히 살펴보려고 손을 쭉 뻗었다. 그런데 그 순간 책장이 마치 회전문처럼 휙 도는 게 아닌가!

난 쓰러지지 않으려고 책장을 꼭 붙들었다. 돌아가는 책장과 함께 컴컴한 회오리바람 속으로 들어서는 순간, 나도 모르게 비명을 지르며 정신을 잃었다.

"으악!"

신기한 책장

우아, 내가 기절이란 걸 했나 보다. 나는 혹이 불룩 난 이마에 손을 댔다. 어, 그런데 이 얼음주머니는 어디서 난 거지? 주변을 둘러보니 이런, 완전히 낯선 방이다.

"이건 말도 안 돼. 그 책장은 벽에 붙어 있었다고. 나 지금 벽 너머로 들어온 건가?"

깔끔하게 정리된 방 한쪽에는 크고 작은 상자들이, 책상 위에는 두꺼운 책들이 있었다. 그리고 나를 여기로 데리고 온 내 연구실의 책장과 정말 똑같이 생긴 책장이 떡하니 있었다. 눈을 비비고 자세히 살펴보려는데 문이 삐걱 열리는 소리가 들렸다. 그리고 수염이 덥수룩하고 얼굴빛이 좋지 않은 외국인 아저씨가 방에 들어섰다.

"이제 좀 괜찮니?"

외국어 같은데도 무슨 말을 하는지 금방 이해가 되었다. 다만 내가 하는 말이 아저씨에게 통할지 안 통할지 몰라 눈만 끔벅거렸다.

"어쩌다 내 연구실에 들어오게 되었지? 얼굴을 보니 아시아 쪽에서 온 것 같은데. 설마 표본을 훔치러 온 건가?"

어쩔 수 없다. 통하건 말건 일단 말은 해야지. 잘못했다간 딱

도둑으로 몰릴 판이다.

"저는 진우라고 하는데요. 아저씨는 누구세요?"

"나? 나는 찰스 다윈이라고 하지. 진우? 이름도 멋지구나."

오, 일단 말은 통하는 것 같다. 그러면 사정 설명을 해야지. 나를 이상한 사람으로 볼까 봐 무서웠지만, 진실만을 말하기로 했다.

"뭐 훔치러 온 거 아니에요. 저 책장이, 저 책장이 저를 여기로 데리고 왔다고요. 정말이에요!"

"흠, 세상에는 설명할 수 없는 일도 있다지만……."

아저씨는 묘한 눈빛으로 나와 책장을 번갈아 쳐다봤다. 지금이라도 잽싸게 도망칠까 잠시 고민했지만, 여기서 나갔다가는 영영 내 연구실에 돌아가지 못할 것 같았다. 그나저나, 지금 저 아저씨가 뭐라고 했지?

"다윈이요? 아저씨가 찰스 다윈이에요? 진화론의 아버지, 그 다윈?"

아저씨는 깜짝 놀라더니 이내 너털웃음을 터뜨렸다.

"그래, 내가 진화론의 다윈이야. 낯선 나라의 소년이 나를 알고 있다니 거참 신기하구나."

우아, 내가 이런 대과학자를 만나게 되다니!

찰스 다윈은 누구일까요?

 찰스 다윈(1809년~1882년)은 영국의 생물학자이자 박물학자예요. 영국의 이름 있는 의사 집안에서 태어났지만 의학에는 관심이 없었고 수집, 사냥 등의 취미를 즐겼지요. 에든버러 대학에서 의사가 되기 위해 잠깐 공부를 했지만 곧 그만두었고, 목사가 되려고 케임브리지 대학에 갔지만 그곳에서도 별로 열심히 하지 않았어요.

 졸업 후 영국의 해군함 비글호를 타고 세계 여러 곳을 탐험했어요. 여행을 마치고 《비글호 항해기》를 출간하여 유명해졌고, 이후 진화론의 기초가 되는 연구를 시작하게 되었어요.

 몸이 약해 늘 병을 앓았기 때문에 요양을 위해 시골에서 살았고, 연구도 집에서 했어요. 1859년, 50세가 되던 해 《종의 기원》을 출간해서 사회에 큰 논란을 일으켰어요. 이후 많은 연구를 통해 진화론을 보충하는 논문을 발표했어요. 진화론은 모든 생물은 신이 만든 존재라는 생각에서 벗어나는 데 큰 역할을 한 과학 이론으로 평가되지요.

찰스 다윈의 젊은 시절 초상화예요.

다윈은 수집가?

쿵쿵쿵, 나는 마구 뛰는 심장을 겨우 진정시켰다. 찰스 다윈, 그렇다면 이 사람은 역사상 위대한 과학자 중 한 명이 아닌가! 난 다윈 아저씨의 옷자락을 잡고 매달렸다.

"아저씨, 아저씨, 저 물어볼 게 있는데요."

아저씨는 인자하게 웃으며 내 손을 꼭 잡아 주었다.

"응, 뭐든 물어보렴."

그 순간 내 머릿속에 가장 먼저 떠오르는 질문부터 했다.

"아저씨는 뭐 하는 과학자예요?"

"흠……."

아저씨는 세상에서 가장 어려운 질문을 들은 것처럼 눈썹을 찌푸렸다.

사실 그랬다. '다윈' 하면 생각나는 건 핀치새의 부리 이야기 하고, 비글호를 타고 먼바다로 나가 여러 섬을 여행했다는 것, 그리고 진화론을 주장했다가 많은 사람들에게 비난을 받았다는 것, 그 정도였으니까. 그런데 생각해 보면 무슨 과학자인지는 정확하게 들은 적이 없단 말이지. 화학자라든가, 지질학자라든가, 물리학자라든가, 조류학자라든가, 왜 그런 거 있지 않은가!

아저씨는 수줍게 머리를 긁적이더니 한마디 했다.

"흔히들 박물학자라고 하지만, 쉽게 말하자면 수집가?"

나는 허탈한 마음으로 아저씨를 쳐다봤다.

"뭐든 모으는 걸 좋아하신다는 말씀이세요?"

"그렇지! 식물, 새, 지렁이, 나비, 딱정벌레, 돌……. 재미있어 보이는 건 다 모아!"

나는 고개를 갸우뚱거렸다. 내가 생각한 과학자는 완전 멋진 모습인데, 나 같은 초등학생이나 할 법한 수집이라니, 엄청 뜻밖이었다. 나뭇잎이나 나비라면 나 같은 초등학생도 모으는데 말이다.

"왜요? 수집하면 뭐가 좋은데요?"

말꼬리를 잡으려는 건 아니었지만, 나도 모르게 말투가 뻬

뚜름하게 나갔다. 하지만 다윈 아저씨는 생각보다 착했다. 나의 질문을 듣고 또다시 진지하게 생각하더니 천천히 대답했다.

"아무리 하찮아 보이는 것들이라도, 관심을 가지고 바라봐 주는 이에게는 재미있는 이야기를 해 주거든. 그래서 재미있는 이야기를 해 줄 법한 물건이면 무엇이든 모으는 거지."

아저씨는 방구석에 가지런히 정리되어 있던 여러 상자를 차례로 꺼내 왔다.

세상에, 상자에서는 정말 오만 가지 것들이 나왔다. 내가 입을 떡 벌릴 때마다 다윈 아저씨는 신이 나서 더 많은 상자들을 꺼내기 시작했다.

"진우야, 책장 위에 있는 상자를 꺼내 보렴. 내가 갈라파고스 제도에서 가져온 새 표본도 몇 개 남아 있을 거야! 대부분은 조류학자 친구에게 보냈지만 몇 개는 남겨 두었거든."

"오, 저 갈라파고스 제도 알아요!"

드디어 나도 아는 것이 나왔다. 난 신이 나서 책장으로 달려가 받침대 위에 올라섰다. 그런데 받침대를 밟고도 까치발을 해야 상자에 손가락이 닿을락 말락 했다. 그런데 그 순간 책장 뒤편에서 귀에 익은 듯한 소리가 들렸다.

"쨍그랑!"

'앗, 이 소리는 아까 들었던…….'

갑자기 주변이 깜깜해지며 내 연구실 바닥으로 떨어졌다. 아까와 다른 점이라면 엉겁결에 책장에 꽂혀 있던 다윈 아저씨의 노트를 한 권 들고 왔다는 것뿐.

다윈의 노트를 엿보다

깜깜한 밤, 식구들이 모두 잠들었다. 나는 오래되고 낡은 다윈 아저씨의 노트를 앞에 두고 한참을 망설였다. 누군가의 일기장을 몰래 훔쳐보는 느낌이랄까? 노트를 코밑에 대고 숨을 크게 들이쉬자 비린내 같기도 하고, 오래된 종이 냄새 같기도 한 쿰쿰한 냄새가 났다. 노트를 펼치자 다윈 아저씨의 구불구불한 영어 글씨가 보였다. 그런데 신기하게도 영어가 한글로 술술 읽히는 게 아닌가!

1832년 1월 5일

내가 이 여행을 떠나기 전 얼마나 설레었던가! 아버지에게 여행 허락을 받기 위해 얼마나 애를 썼던가! 그러나 지금 나에게 가장 중요한 문제는 단 한 가지, 뱃멀미뿐이다. 비글호는 생각보다 작고, 내가 쓸 수 있는 공간은 그보다 더 작다. 사탕 상자처럼 조그만 방에 학생, 군인, 그리고 나, 세 명이 눕는다. 그물 침대에 누우려면 반대편 옷장에서 서랍을 빼내야 발이 들어간다. 벌써 며칠째 뱃멀미에 시달리며 건포도만 먹고 있다. 피츠로이 선장은 내가 항구에 도착하기만 하면 짐을 싸서 집에 갈 거라고 생각하는 것 같다. 하지만 두고 보라지!

어쩐지, 다윈 아저씨의 창백한 얼굴이 떠올랐다. 일기를 보니 젊었을 때에도 그다지 튼튼하지 않았나 보다. 그런데 이렇게 작은 비글호를 타고 5년 가까이 세계 여행을 했다니 놀라웠다. 하지만 여행을 멈출 수 없던 이유는 일기장에서 금방 찾을 수 있었다. 우아, 이거 너무 재미있잖아!

다윈 아저씨가 원주민을 만난 이야기는 정말 흥미로웠다. 또 아르헨티나의 해변에서 멸종한 거대 나무늘보 메가테리움의 머리뼈 화석을 찾았다는 내용도 최고였다. 내가 골목길을 지나가다 땅을 팠더니 공룡 화석을 발견했다는 수준의 이야기였으니까.

가는 곳마다 모은 수집품을 항구에 도착할 때마다 우편으로 집에 보냈다는 다윈 아저씨. 가족들은 얼마나 놀랐을까? 듣지도 보지도 못한 외국의 항구에서 배달되는 수많은 상자들. 상자를 열어 보면 동물 표본이나 오래된 뼈, 돌이 가득 들어 있었을 테니 더욱 놀랐겠지?

1833년 1월 28일

칠흑 같은 밤. 나는 지금 티에라델푸에고의 한 섬에서 보초를 서고 있다. 혹시 모를 원주민의 습격에 대비하는 것이다. 외딴 섬, 컴컴한 밤에 홀로 깨어 있자니 조금 쓸쓸한 느낌이 든다. 고향 생각, 가족 생각이 절로 난다. 잠든 병사들의 숨소리와 새들의 울음소리, 개 짖는 소리만이 적막함을 깨운다.

비글호는 지난달 티에라델푸에고 섬에 도착했다. 섬에는 원주민들이 살고 있는데, 그 모습이 우리와 너무나 달라 충격적이었다. 우리가 한 섬마을에 도착했을 때 네다섯 명의 원주민이 나타났다. 실오라기 하나 걸치지 않은 알몸이었다. 원주민들은 우리를 보고 두 팔을 머리 위로 흔들며 소리를 질렀다.

원주민들은 우리가 춤추고 노래하는 것을 좋아했다. 우리가 몸을 씻는 모습도 신기한 듯 빤히 바라보았다. 우리는 두꺼운 옷을 입고 불 옆에 앉아서도 추위를 느끼는데, 원주민들은 벌거벗고도 땀을 줄줄 흘렸다. 세상에는 얼마나 더 다양한 사람들이 살고 있을까?

1833년 8월 24일

와우, 아직도 흥분이 가라앉지 않는다. 오늘은 정말 짜릿한 날이다. 그동안 뱃멀미를 하며 항해를 한 보람을 느꼈다.

비글호는 아르헨티나의 바이아블랑카에 도착했다. 이곳의 푼타 알타 지역에서 거대 포유동물들의 화석을 발견했다. 메가테리움, 메갈로닉스, 밀로돈, 톡소돈 등등. 이렇게 다양한 동물들의 화석이 한곳에서 발견되다니 정말 놀랍다. 특히 메가테리움의 머리뼈 화석을 세 개나 찾았다. 메가테리움의 몸길이는 7미터가 넘고 튼튼한 다리와 커다란 발, 그리고 날카로운 발톱을 가졌다. 톡소돈은 메가테리움과 비슷한 크기지만 이빨 구조는 쥐와 비슷하다. 그런데 눈, 귀, 콧구멍의 위치 등을 보면 듀공이나 매너티, 하마 같은 동물과 비슷하단 말이지.

이 동물들이 살아 움직이던 시절, 이곳은 어떤 모습이었을까? 이곳에는 얼마나 많은 동물들이 살았던 걸까? 그 시절의 모습을 머릿속에 그려 본다.

1834년 8월 14일

땅은 가만히 있는 것이 아니라 정말 움직이는 것일까? 오늘 그 증거를 본 듯하다.

안데스 산맥의 지질을 알아보려고 길을 나섰다. 산길을 오르고 올라 산의 정상 근처까지 갔다. 그런데 놀랍게도 그곳에서 조개껍데기를 찾은 것이다. 조개껍데기들은 땅바닥에 흩어져 있거나 흙 속에 있었다. 바다에 살던 조개껍데기들이 왜 이렇게 높은 산에 있을까? 해안이 솟아오른 게 확실해 보였다.

1835년 2월 20일

아, 나는 과연 무사히 집으로 돌아가 가족들의 품에 안길 수 있을까? 오늘은 그런 걱정이 드는 날이다.

지진을 겪었기 때문이다. 지진이 일어났을 때 나는 칠레의 한 숲에서 꾸벅꾸벅 졸고 있었다. 그런데 갑자기 땅이 흔들리며 엄청난 소리가 났다. 지진은 2분 정도 계속되었다. 똑바로 서 있을 수는 있었지만 땅이 흔들릴 때 느껴지는 진동이 대단했다. 마치 파도에 흔들리는 배를 탄 듯 멀미가 느껴졌다. 뭍에서도 뱃멀미를 할 줄이야! 피츠로이 선장과 몇몇 일행은 그 시각에 시내에 있었는데 그곳의 상황은 훨씬 심각했다고 한다. 건물이 기울어져 사람들이 울부짖으며 집 밖으로 뛰쳐나왔다고 한다. 어떤 마을은 건물이 무너져 많은 사람이 죽거나 다쳤다고 한다. 내가 직접 보지는 못했지만 아마 봤다면 지옥이 따로 없었을 것 같다.

단단하고 굳건했던 땅이 내 발밑에서 움직이는 것을 직접 느끼다니 놀랍기 그지없다. 땅은 고정된 것이 아니라 움직인다는 사실을 또 한번 실감했다.

세상 모든 것이 궁금하다더니, 다윈 아저씨는 그냥 스쳐 지나갈 법한 돌이며 땅까지 정말 열심히도 보고 다녔다. 게다가 보는 데서 그치지 않고 꼭 곰곰이 생각을 하는 과정을 거쳤다. 그러니까 유명한 과학자가 된 거겠지? 어쨌거나 다윈 아저씨가 남들이 가르쳐 주는 대로만 생각하는 사람이 아니라, 자기가 본 것을 바탕으로 자신만의 생각을 만들어 간다는 것만은 분명했다.

그런데 비글호가 갈라파고스 제도 근처에 도착했을 때부터 아무 기록도 남아 있지 않았다. 안 돼! 안 된다고! 흥미진진하던 모험담이 중간에 끊기자 다음 이야기를 알 수 없어 안달이 났다. 난 흥분해서 방방 뛰다가 창밖이 희미하게 밝아 오는 것을 보고 깜짝 놀랐다. 학교도 가야 하는데……. 나는 노트를 베개 밑에 숨기고는 서둘러 잠을 청했다. 다윈 아저씨, 딱 기다려요. 내가 다음 일기를 가지러 꼭 갈 테니까!

다윈의 비글호 항해

비글호는 영국 해군의 측량선이었어요. 당시 영국은 세계 곳곳에 식민지를 개척하고 있었는데, 비글호는 지도를 만드는 데 필요한 측량을 하는 임무를 맡았어요. 비글호의 선장 피츠로이는 출발하기에 앞서, 항해하는 동안 자신의 말동무를 해 줄 사람을 찾는다는 공고를 냈어요. 당시 영국 해군에는 선장은 다른 승무원들과 함께 밥을 먹거나 사적인 대화를 할 수 없다는 규칙이 있었기 때문에 말동무를 따로 데려가지 않으면 항해 내내 입을 다물고 있어야 했거든요.

다윈과 친하게 지내던 식물학 교수 헨슬로는 피츠로이 선장의 공고를 보고 다윈을 추천했어요. 다윈은 당장이라도 비글호로 달려가려 했지만 다윈의 아버지는 쓸데없는 일이라며 반대하면서 여행 경비를 주지 않으려 했어요.

실망한 다윈은 외삼촌에게 자신의 편을 들어 달라며 부탁했고, 결국 다윈의 외삼촌이 다윈의 아버지를 설득했어요.

비글호는 1831년에 영국의 플리머스 항을 출발해 아프리카의 카보베르데 제도를 지나 남아메리카 대륙으로 향했어요. 이후 브라질 바이아 지역부터 시작해 남아메리카 대륙의 해안선을 따라 항해를 계속했고, 바닷길뿐 아니라 상륙한 항구 근처의 내륙을 탐험하기도 했지요. 이후 칠레를 거쳐 갈라파고스 제도로 갔으며 태평양의 타히티 섬을 거쳐 뉴질랜드로 향했어요. 그 후 오스트레일리아 대륙의 남쪽을 따라 항해한 후 아프리카 대륙의 최남단을 거쳐 다시 남아메리카 대륙의 브라질로 갔다가 영국의 플리머스 항에 도착했지요. 도착한 해가 1836년으로, 비글호의 항해는 총 5년이 걸렸어요.

질문을 발견한 여행, 비글호 항해

흥분이 가라앉자 새로운 고민이 생겼다. 아저씨를 만나러 가야 할까? 다시 갈 수는 있을까? 이번에는 운이 좋아 금방 집에 돌아왔다지만 영영 돌아오지 못할 수도 있는데…….

"아니야, 이런 기회를 놓칠 수는 없지. 아무래도 다시 한번 가야겠어!"

나는 어떻게든 다윈 아저씨를 만나고 싶었다. 그래서 연구실로 가 노트를 품속에 단단히 끼워 넣고, 문제의 책장을 째려봤다.

"다시 한번 빙 돌아 봐!"

무슨 만화 영화도 아니고 책장이 내 말을 들어줄 리가 없지. 난 책장 선반을 두드려 보기도 하고, 책장 앞에서 아저씨 이름도 불러 봤다. 다 헛수고였다. 결국 기억을 더듬어 저번과 똑같은 상황을 만들어 보기로 했다. 한 손에 걸레를 쥔 채 책장 맨 위 칸 구석에 있는 유리병을 일부러 톡 밀었다. 쨍그랑 소리와 함께 책장이 빙 돌았다. 난 엉겁결에 소리를 질렀다.

"비밀은 유리병이었어!"

내 몸은 또다시 검은 회오리바람에 휘말렸다.

"쿵!"

엄청난 소리와 함께 다윈 아저씨의 연구실로 떨어졌다. 멀리서 쿵쿵 쿵쿵 발소리가 들리더니 방문이 끼익 열렸다. 다윈 아저씨였다.

"역시 너였구나! 언제 돌아올지 몰라 늘 신경 쓰고 있었지."

난 품속에 넣어 두었던 노트를 꺼내 아저씨에게 내밀었다.

"아저씨 죄송해요, 저번에 가지고 가려고 했던 건 아닌데, 어쩌다 보니……."

아저씨는 노트를 받아 펼쳐 보더니 너털웃음을 지었다.

"이 노트가 아직 남아 있었다니! 한참 전에 쓴 것인데 말이다. 읽어 봤니?"

난 주뼛거리며 그렇다고 대답했다. 자기 노트를 마음대로

읽었다면 누구라도 싫어할 테니까.

"아, 비글호 항해 이야기가 너무 재미있어서 저도 모르게 끝까지 읽고 말았어요."

"아무렴, 재미있었지. 지금이라면 생각도 못할 5년의 모험이었으니 말이다."

다행이다. 다윈 아저씨는 자기의 일기를 읽었다는데도 하나도 기분 나빠 하지 않았다. 나는 내친김에 뒷부분의 일기도 빌려 볼까 하고 슬쩍 물어봤다.

"근데 진화론을 연구하신 부분은 안 나와 있더라고요. 갈

라파고스 제도에 가면서부터는 안 적혀 있던데, 뒷부분 이야기를 적어 두신 건 없어요?"

"응? 내가 진화론을 생각해 낸 건 이때의 일이 아닌데?"

나는 잠깐 멈칫했다.

"어, 비글호를 타고 항해하면서 진화론을 생각해 내신 줄 알았는데, 아니었어요?"

"아냐 아냐, 진화론을 구체적으로 생각해 낸 게 아니고, 진화론을 이끌어 낸 질문을 발견했지. 네가 일기장에서 본 화석과 지진도 그렇고, 그 이후에 본 여러 생물들을 통해 '생물의 종은 변할 수 있는 게 아닐까?'라고 생각했거든."

내가 그동안 다윈 관련 책을 잘못 봤던 걸까? 아니면 내 마음대로 그렇게 생각한 건가? 나는 지금까지 다윈이 비글호 항해를 하면서 진화론이라는 이론을 퍼뜩 생각해 내는 장면을 상상하곤 했는데 말이다. 진화론을 생각한 건 한참 나중의 일이라니! 비글호 항해에서는 질문을 발견했다니, 그건 또 무슨 말이지?

"질문을 발견했다고요? 그럼 그 질문들은 어떻게 풀어낸 거예요?"

아저씨가 눈을 찡긋하며 연구실 안의 상자들을 가리켰다.

"내가 빈손으로 집에 왔을 것 같아?"

난 쿡 웃음을 터뜨렸다.

"아뇨, 뭔가를 잔뜩 채집해서 오셨을 것 같아요!"

"딩동댕! 1836년 10월, 난 비글호에서 내려 런던에 머물면서 표본들을 정리했어. 대부분의 표본은 전문가들에게 연구를 하라고 보내 주고 몇 개만 남겨 두었지."

"네에? 그렇게 어렵게 모은 걸 남한테 줬다고요?"

그러자 다윈 아저씨가 빙그레 웃으며 말했다.

"네가 처음에 물어봤잖아, 내가 무슨 과학자냐고. 난 조류학자도 아니고 지질학자도 아니야. 같은 표본을 보더라도 더 잘 아는 사람이 연구하는 게 낫지. 그리고 그거 아니? 사실 내가 전문가들에게 표본을 보내지 않았다면 그 다음 연구를 시작하지 못했을 거야. 내 연구 중에 '핀치새의 부리'는 사실 내가 아니라 조류학자 존 굴드가 발견한 거였거든."

"진짜요? 아저씨, 그 이야기 좀 자세히 해 주세요. 저는 '핀치새의 부리' 하면 '다윈'이라고 굳게 믿고 있었거든요."

"하하, 그럼 여기 앉아서 따뜻한 차라도 마시면서 들으렴."

난 아저씨와 함께 벽난로 앞 의자에 나란히 앉았다. 아저씨는 눈을 반짝이며 이야기를 시작했다.

핀치새의 부리에 숨겨진 비밀

　내가 보낸 새 표본을 받은 굴드는 새들을 13종으로 분류하고 이들이 가까운 친척 사이라고 했어. 하지만 같은 종은 아니라고 말이야. 마치 말과 당나귀처럼 생김새도 비슷하고 짝짓기도 가능하지만, 같은 종이라고 보기에는 어려운 동물의 예와 비슷하다고 할까?

　난 부리나케 갈라파고스 제도에 있는 친구에게 연락해, 내가 가진 표본의 새들이 어느 섬에서 온 건지, 어떤 먹이를 주로 먹었는지 확인했어. 그리고 부리의 모양이 왜 달라졌는지 생각해 보았단다.

　내 생각은 이랬어. 아마 남아메리카 대륙의 핀치새가 태풍에 휩쓸려 갈라파고스 제도 내의 여러 섬으로 날려 간 일이

딱딱한 씨앗을 먹는 데 알맞은 부리 　　　　열매나 씨

나뭇가지 등의 도구로 애벌레를
찔러서 잡는 데 알맞은 긴 부리 　　　　나무 속 곤충

작은 곤충을 잡는 데 알맞은 부리 　　　　작은 곤충

선인장의 즙을 먹기에 알맞은 부리 　　　　선인장의 즙

새싹이나 부드러운 열매를 먹기에
알맞은 부리 　　　　새싹이나 열매

있었을 거야. 새들은 다시 본토로 돌아가지도 못했고, 다른 섬을 오가며 살지도 못했겠지. 그러기에는 거리가 너무 멀었거든. 그래서 날려 간 섬에서 각자 적응하며 살았을 거야.

갈라파고스 제도의 섬들은 언뜻 보면 비슷하지만 자연환경도, 새들이 먹을 수 있는 먹이도 조금씩 달라. 과일이 많은 섬, 곤충이 많은 섬, 선인장이 많은 섬, 이렇게 말이야. 그러다 보니 처음에 남아메리카 대륙에서 왔을 때는 각 섬에 사는 핀치새의 모습이 다 비슷비슷했을 거야. 그러다 시간이 지나면서 부리 모양이 각 섬의 환경과 먹이에 맞게 조금씩 변하게 된 게 아닐까 생각했지.

이제 나에게 남은 건 '어떻게 이런 일이 생겼냐'를 밝히는 것이었어. 과정을 밝힐 수 있어야 허무맹랑한 아이디어가 아니라 어엿한 이론으로 인정받을 수 있으니까 말이야.

"아, 그렇게 된 거군요."

나는 고개를 끄덕였다. 그리고 아저씨가 너무너무 부러워졌다. 전 세계를 돌아다니며 지진을 겪고, 화산 폭발을 보고, 새를 채집하고……. 평범한 사람들이 쉽게 할 법한 경험은 아니니까.

"저도 아저씨처럼 배를 타고 돌아다니면서 신기한 것들을 잔뜩 보고 싶어요. 하지만 지금은 먼지만 나뒹구는 연구실 뿐이니……. 아무래도 멋진 과학자가 되기는 힘들겠죠?"

다윈 아저씨는 고개를 절레절레 저으며 대답했다.

"그건 오해야! 내가 비글호 항해에서 얻은 것들이 엄청나다는 건 맞아. 하지만 돌아와서 내가 연구한 것들은 따개비나 비둘기, 파리지옥 따위였지. 다시 말하지만 내 진화론은 비글호에서만 나온 게 아니야. 아주 작고 사소한 것으로부터 '진화의 과정'을 증명해 낸 거라고."

나는 의심 가득한 눈초리로 다윈 아저씨를 쳐다봤다.

"진짜요? 저번에도 따개비 말씀하시던데, 그게 그렇게 연구할 게 많았나요? 그냥 작은 조개 같은데?"

"그럼, 물론이지! 보여 줄까?"

다윈 아저씨는 책장으로 다가가 상자를 꺼내려 했다. 난 아저씨 옆에서 상자를 받아 들 준비를 하고 있었는데, 갑자기 연구실 문이 벌컥 열렸다.

"아빠, 런던에서 편지가 왔어요."

"으, 응. 거기 놔두렴."

다윈 아저씨는 나를 숨겨 주려는 듯 내 앞을 쓱 막아섰다.

 그러더니 손가락으로 커튼 쪽을 가리키며 속삭였다.
 "저 뒤로 숨어!"
 나는 거미가 된 듯 조금씩 조금씩 옆으로 움직였다. 그런데 발에 뭔가 차이는 느낌과 함께 또다시 "쨍그랑!" 소리가 울렸다. 난 속으로 소리쳤다.
 '타이밍 한번 끝내주는구나!'

🌿 진화론은 무엇일까요?

· 다윈 이전의 진화론

다윈 이전에도 진화론을 주장하는 학자들이 있었어요. 하지만 그 당시에는 대부분의 사람들이 신이 세상의 만물을 만들었다는 창조론을 믿고 있었어요. 그래서 진화의 현상을 창조론에 기대어 설명하려고 한 사람들이 대부분이었지요.

프랑스의 생물학자 라마르크(1744년~1829년)는 광물, 식물, 동물의 분류 체계를 만들면서 진화론을 주장했어요. 모든 생물은 단순하고 기본적인 모습에서 복잡하고 완전한 모습으로 변화하는 능력이 있다는 게 기본 내용이었지요. 라마르크는 높은 곳에 달린 나뭇잎을 따 먹기 위해 기린이 목을 늘렸고, 시간이 흐르면서 기린의 목이 점차 길어졌다는 예를 들며 용불용설을 주장했어요. 즉, 필요에 의해 얻은 새로운 능력은 자손에게 유전된다고 여긴 거예요. 하지만 생물이 태어난 후에 얻어진 형질은 자손들에게 유전되지 않는다는 사실이 나중에 밝혀졌지요.

라마르크는 기린이 높은 가지에 달린 나뭇잎을 따 먹으려다 점차 목이 길어졌다고 주장했어요.

・다윈의 진화론

다윈은 비글호를 타고 전 세계를 누비는 동안 여러 식물이나 동물, 지질학적 증거들을 눈으로 보며 진화론에 확고한 믿음을 가지게 되었어요.

다윈은 같은 종에 속하는 동물이라도 각각 조금씩 다르게 생긴 점이 있으며, 이런 특징은 자손에게 유전된다고 여겼어요. 즉 같은 기린 중에도 목이 긴 기린, 짧은 기린이 있는데 누가 긴 목을 가지냐는 우연이라고 여겼지요. 이런 가운데 먹을거리나 머물 공간은 한정되어 있는데 목이 긴 기린이 살아남기 좋은 환경이라면 목이 짧은 기린은 생존 경쟁에서 밀려 없어지고, 목이 긴 기린만 살아남게 된다는 것이었지요. 이 과정을 거듭하다 보면 목이 긴 기린만 남게 된다는 거예요. 다윈은 이 과정을 '자연 선택'이라고 불렀어요.

다윈의 진화론은 이후 여러 학자들과 생물학 분야에 큰 영향을 미쳤어요.

다윈의 진화론에 따르면 목이 짧은 기린은 도태되고 목이 긴 기린은 살아남아요.

다윈의 어린 시절

"아이쿠!"

나는 다시 내 연구실 바닥으로 떨어졌다. 안 되겠다. 어디 부러지기 전에 매트라도 하나 깔아 놓아야지.

문득 다윈 아저씨에게 아빠라고 부른 아이가 궁금해졌다. 흠, 진화론에만 빠져 다윈 아저씨가 어떻게 살아왔는지 하나도 몰랐잖아! 난 컴퓨터를 켜고 다윈 아저씨에 대해 폭풍 검색을 하기 시작했다. 생각보다 흥미로운 사실들이 쏟아져 나왔다.

어린 시절, 다윈 아저씨는 공부와는 거리가 먼 개구쟁이였다고 한다. 조개껍데기나 동전, 돌 같은 것을 모으는 취미가 있었다니, 친근해도 너무 친근한 거 아닌가? 다윈 아저씨가 하라는 공부는 안 하고 괴상한 일에만 몰두해서 '집안의 골 칫거리'로 여겨졌다니, 어쩐지 형이라고 부르고 싶어졌다.

그리고 다윈 아저씨의 아버지도, 할아버지도 모두 의사여서 다윈 아저씨도 한때 의사가 될 공부를 했다고 한다. 하지만 다윈 아저씨는 수술 장면을 보는 것만으로도 힘들어했다나? 음, 상상이 된다. 지금 봐도 다윈 아저씨는 섬세하고 여

린 느낌이 의사와는 어울리지 않는 것 같으니까.

　대학교에 다니던 시절에도 공부는 하지 않고 딱정벌레를 모으는 일에만 열정적이었다니! 와우, 정말 나랑 이렇게 딱 맞을 수가!

　그렇다고 평탄한 인생만은 아니었다. 의학이 발달하지 않았던 시절이라 아저씨 아이들 중 몇이 병으로 일찍 죽었다는 이야기도 있었다. 아이구, 가슴 아파라.

그리고 다윈 아저씨는 몸이 약해 자주 아팠다고 한다. 요양도 자주 다녀야 했고 앓아누워 있을 때도 많았는데 그때는 아저씨의 부인이 도움을 많이 준 모양이다. 건강 때문에 복잡한 도시를 떠나 시골에서 연구를 계속했다는 글을 읽고서는 나도 모르게 고개를 끄덕였다. 다윈 아저씨가 허약한 몸으로 실험을 왕성하게 할 수 있었던 것은 화목한 집안 분위기 덕이기도 했다니, '가화만사성'이라는 옛말이 딱 들어맞는다.

몇몇 사람들은 다윈 아저씨가 진화론에 대한 연구를 진작에 시작했지만, 사람들이 수긍하지 않을까 봐 공개하지 않았다고 보았다. 하지만 나는 그런 짐작은 틀렸다고 생각한다. 내가 본 다윈 아저씨는 주변 사람들의 반응도 두려웠겠지만, 아마도 분명한 증거를 찾을 수 없어서 공개를 미뤘을 게 틀림없다. 증거도 없이 아무 말이나 막 하는 건 진정한 과학자의 태도가 아니니까. 난 아저씨의 따개비 연구 결과가 더욱 궁금해졌다.

'지금 가서 물어볼까?'

하지만 엄마가 내 연구실 작은 창문을 열고 머리를 쑥 내밀었다.

"김진우, 빨리 와서 저녁 먹어!"

앗, 안 되겠다. 다윈 아저씨의 연구실 방문은 다음으로 미뤄야겠다. 나는 컴퓨터를 끄고 얼른 집으로 향했다.

"아저씨, 조금만 기다려요!"

변화의 흔적을 찾아내다 : 따개비 실험

주말이 되었다. 난 연구실로 돌아가 책장 밑에 푹신한 쿠션을 갖다 두고 의자에 올라섰다. 선반 안쪽에 있던 유리병의 개수가 줄어든 것 같았지만, 아저씨에게 물어볼 질문들을 머릿속에 정리하느라 눈여겨보지 않았다. 과학자답지 않은 이런 자세를 후회하게 된 건 나중의 일이다.

"아저씨, 저 왔어요!"

섬세한 다윈 아저씨 같으니! 아저씨도 나와 비슷한 생각을 했는지 책장 아래에 푹신한 방석을 몇 개나 깔아 두었다. 덕분에 이번에는 한 군데도 다치지 않고 "악!" 소리 한번 내지 않고 무사히 도착했다. 다윈 아저씨는 소파에 앉아 꾸벅꾸벅 졸다 쿵 소리에 잠이 깨 벌떡 일어났다.

"앗, 진우구나. 저번에는 생각지도 않게 집에 갔지?"

"네! 그때 방에 들어온 꼬마가 아저씨 아들이에요?"

"그렇단다. 나의 훌륭한 조수이기도 하지!"

난 챙겨 온 노트와 연필을 꺼내 들고 아저씨 앞에 가서 앉았다.

"아저씨, 따개비 연구에 대해 이야기해 주세요."

"하하, 그게 재미있니?"

"네, 전 되게 궁금해요."

다행스럽게도 다윈 아저씨가 따개비 연구를 궁금해 하는 나를 귀찮아 하는 것 같지 않았다.

"자세히 이야기하기에는 좀 길어. 내가 느릿느릿한 것도 있지만 자그마치……."

"알아요, 8년이나 연구한 거."

아저씨가 눈을 동그랗게 뜨고 물었다.

"응? 그건 또 어떻게 알았지?"

"사람들이 아저씨에 대해 얼마나 관심이 많은데요. 여기저기 자료에 다 나와 있다고요."

아저씨는 수줍어하며 서랍장 안에 있던 상자 하나를 꺼내 왔다.

"자, 그럼 나의 따개비 연구를 소개해 주마."

난 1839년에 결혼을 했어. 그런 다음 사람들이 흔히 키우는 농작물이나 가축을 열심히 관찰하면서 생물 종이 자연 선택에 따라 진화했다는 주장을 다듬었지. 그렇게 해서 1842년에 진화 이론에 대한 생각을 35쪽의 짧은 분량으로 요약했어. 그 글을 바탕으로 2년 뒤에는 230쪽짜리 원고를 완성했단다. 정작 《종의 기원》을 출간한 건 그로부터 15년이나 지나서였지만 말이다. 왜 이렇게 느리냐는 친구들도 있었지만, 내 나름의 이유가 있었어.

그 당시 매우 친하게 지내던 후커라는 식물학자 친구가 있었는데, 그 친구가 나에게 이렇게 말한 적이 있어.

"많은 표본을 근거로 자세하게 설명하지 않는 사람은 종에 대한 문제를 연구할 자격이 없어."

난 이 말을 듣고 뜨끔했어. 내가 그동안 연구한 것들이 수박 겉핥기가 아니었나 해서 말이지. 결국 후커와 편지를 주고받으며 내 연구를 보완할 계획을 짰고, 1846년 무렵부터 따개비 연구를 본격적으로 시작했단다. 어설프게 연구하지 않고, 온 세상의 따개비를 전부 보겠다는 각오로 말이지.

따개비는 조개처럼 보이지만, 어렸을 땐 마디 있는 다리가 여러 개 달린 새우와 비슷하게 생겼어. 그래서 물결을 따라 이리저리 떠돌아다니며 자유롭게 살다가 어른이 되면 바다의 암초나 배 밑바닥에 붙어 뿌리를 내리지. 그게 우리가 흔히 보는 따개비란다. 따개비는 암수한몸으로 플랑크톤을 흡수해 먹고 살아. 이 정도가 따개비에 대해 흔히 알려진 사실이었단다.

그럼 이 상자 안의 따개비는 다른 따개비들과 차이점이 있냐고? 하하, 그렇지. 이 따개비는 비글호 항해 중에 발견한 따개비야. 그런데 다른 따개비처럼 암수한몸이 아니라, 큰 몸체가 암컷이고, 수컷이 작은 기생충처럼 암컷의 껍데기에 붙어 산단다. 암수한몸이라던 따개비에 이런 변종이 있다니 엄청 놀랐지.

난 이 녀석 말고도 암수한몸이 아닌 따개비가 있나 싶어서 번식 방법에 초점을 맞추고 온갖 따개비들을 들여다보기 시작했어. 문제는 따개비의 변종이 너무너무 많다는 것이었지. 처음에는 반년이면 끝날 줄 알았는데 연구를 8년이나 계속하게 되었으니 말이다.

얼마나 많은 따개비를 봤는지 궁금하지? 지금 생각해 보면 전 세계의 따개비란 따개비는 다 본 것 같구나. 대영 박물관에 전시되어 있던 따개비는 물론 전 세계에서 따개비를 사들였으니 말이다.

그렇게 8년 간의 연구를 마친 끝에 결론을 내렸지. 원래는 암수한몸이었던 따개비는 천천히 암수딴몸이 되는 진화의 과정을 밟고 있다는 것이었어. 하하, 놀랍지 않니?

난 깜짝 놀라 눈이 휘둥그레졌다.

"우아, 그건 생각보다 놀라운데요. 핀치새야 부리의 모양 정도니까 오랜 시간이 지나면서 변할 수 있다고 생각해요. 하지만 암수한몸이 암수딴몸이 되는 건 엄청난 변화 아닌가요? 원래 암컷과 수컷이 따로 없었는데, 암컷과 수컷이 따로 생긴다는 거잖아요."

"하하, 맞아! 엄청난 거지. 그래서 나도 사람들이 쉽게 내 말을 믿어 주리라고 생각하지 않았어. 하지만 자료를 정리해 보니, 따개비의 번식 방법이 어떻게 진화되어 왔는지가 한눈에 들어왔지. 그렇게 따개비에 관한 논문을 완성했는데, 다행히 많은 사람들의 인정을 받았단다."

"다행이에요!"

나도 모르게 박수를 쳤다. 그 논문이 비난을 받았더라면, 우리가 아는 《종의 기원》은 세상에 나오지 못했을지도 모른다. 소심한 다윈 아저씨라면 살아 있는 동안에는 《종의 기원》을 세상에 못 내보냈을 거야, 분명히!

다윈 아저씨는 그제야 의자에서 일어나 차를 한 모금 마셨다. 몇 년 전 일이지만 감회가 새로운 것처럼 보였다.

"흠흠, 따개비 연구는 나에게 명성을 가져다주기도 했지만, 내 연구 방법이 옳다는 것을 스스로 확신하게 된 계기이기도 했어. 체계적이고 철저한 연구야말로 중요하다는 것, 다양한 표본을 관찰하면서 차이점을 찾아내고 그 의미를 읽어야 한다고 말이야."

몸은 약하지만 의지만큼은 태산처럼 강한 다윈 아저씨가 새삼스러워 보였다. 그런데 연구실 한쪽에서 "댕댕!" 시계 종소리가 들려왔다. 끽, 벌써 해가 질 무렵이잖아! 난 신데렐라처럼 급하게 일어나 책장으로 향했다.

"아저씨, 따개비 이야기 너무너무 재미있었어요. 다음번에는 다운하우스 좀 보여 주세요!"

"그러자꾸나, 조심해서 돌아가렴!"

다윈의 《종의 기원》

《종의 기원》은 1859년에 출판되었어요. 500여 쪽이나 되는 두꺼운 책이지요. 《종의 기원》에서는 식물과 동물의 여러 종이 처음부터 그 형태로 만들어져 나타난 것이 아니라, 자연 선택을 통해 차츰 진화되어 왔다는 이론을 주장했어요. 또 이런 진화의 특징이 특정 종에서만 일어나는 것이 아니라 여러 종 전체에 보편적으로 일어나는 현상이라는 것을 보여 주기 위해 가능한 많은 자료를 모으고 설득력 있게 내밀었답니다.

그 당시에는 신이 생명체를 창조했다는 창조론을 믿는 사람들이 많아서 다윈의 진화론에 반발했어요. 하지만 다윈은 과학적이고 논리적인 방식으로 진화의 과정을 설명했고, 자신의 가설을 뒷받침하는 많은 증거를 보여 주었답니다.

《종의 기원》은 비싼 책값에도 불구하고 당시 최고의 베스트셀러가 되었으며, 과학자, 신학자, 일반 독자 등을 가리지 않고 많은 사람들에게 인기를 얻었어요.

다윈의 이론을 비판하던 사람들이 다윈을 비꼬며 그린 그림이에요.

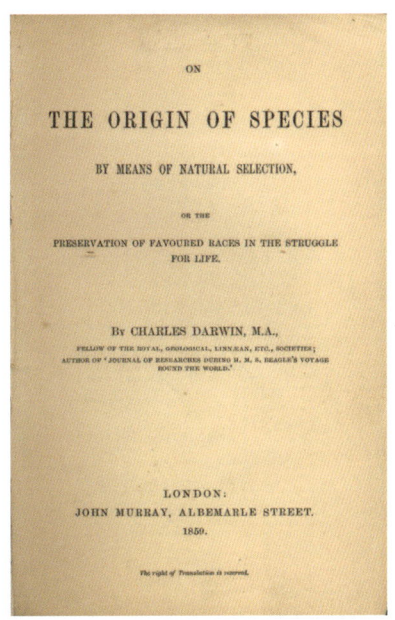

《종의 기원》 초판의 속표지예요.

자연 선택은 냉정해 : 잔디밭 실험

그날 이후, 나는 진화론에 대해서 열심히 알아보았다. 하지만 아무리 읽어 봐도 '자연 선택'이라는 말이 알쏭달쏭했다. 능력이 뛰어나면 살아남고 그렇지 못하면 뒤처진다는 뜻 같아서 인정머리가 없게 느껴지기도 했다.

아무래도 아저씨를 찾아가 자연 선택이 어떤 의미인지 더 들어봐야 할 것 같았다. 그리고 이번에는 아저씨가 살고 있는 다운하우스도 구경시켜 달라고 할 생각이었다.

나는 책장 앞에 서서 심호흡을 크게 했다. 그러고 나서 눈을 질끈 감고 유리병을 톡 밀었다.

"으아악!"

몇 번을 해도 익숙해지지 않는 어둠의 회오리바람!

"어이쿠! 아저씨, 저 왔어요."

예고도 하지 않았는데 다윈 아저씨는 오늘도 연구실에 있었다. 아저씨는 활짝 웃으며 나를 반겨 주었다. 나는 숨도 돌리지 않고 말했다.

"아저씨, 오늘은 자연 선택에 대해서 알고 싶어요."

"오, 그렇다면 마침 날을 잘 맞춰 왔구나. 가족들이 모두 외출을 해서 집에 아무도 없단다. 오늘은 밖으로 나가 볼까?"

다윈 아저씨네 집 밖으로 나오니 넓은 정원이 눈앞에 펼쳐졌다. 작은 언덕과 강둑, 넓은 숲까지 전부 아저씨네 땅이라고 했다. 난 입을 떡 벌린 채 아저씨와 걷기 시작했다.

아저씨는 집 뒤쪽의 정원으로 나를 데려갔다. 울타리를 두른 작은 밭에는 잡초들이 무럭무럭 자라고 있었다.

'음, 울타리까지 쳐 가며 기를 만한 식물들은 아닌 것 같은데…….'

내가 궁금증을 참지 못하고 아저씨에게 슬쩍 물었다.

"아저씨, 잡초도 키워요?"

"하하, 잡초야말로 세상에서 가장 흔한 생물이지. 그래서 내 실험에 가장 적합하기도 하고. 어디 보자. 여기 어딘가

내가 적어 둔 게 있을 텐데…….”

 아저씨가 꺼낸 수첩에는 날짜와 함께 숫자가 표시되어 있었다.

 "음, 난 3월 초부터 이 울타리 안에 매일 몇 개의 싹이 올라오나 세어 봤어. 처음에 올라왔던 새싹은 357개였지만, 매

일매일 수십 개의 싹이 죽어 나갔지. 어떤 때는 달팽이가 갉아 먹어서, 어떤 때는 곤충들이 늘어나서, 또 어떤 때는 날씨 때문에……. 결국 3월에 올라왔던 새싹 중에 8월까지 살아남은 건 62개뿐이었단다. 식물을 괴롭히는 건 동물뿐만이 아니야. 같은 식물끼리도 경쟁을 해. 내가 실험을 해 보니 작은 잔디밭에서 자라던 20종의 식물 중에서 9종이 다른 종의 식물들 때문에 죽고 말았지."

그러니까 평화롭게만 보이는 이 풀밭에서 날마다 목숨을 건 치열한 투쟁이 일어나고 있는 거였다.

"아저씨, 자연 선택은 엄청 무시무시한 거네요. 까딱 잘못했다가는 사라져 버리고 마는……. 그래서 엄마가 그렇게 '공부, 공부!' 했던 거예요. 조금만 안 해도 성적이 뚝 떨어지니까요."

내가 시무룩한 표정으로 고개를 떨어뜨리자 다윈 아저씨가 내 등을 토닥토닥해 주었다.

"진우야, 그렇다고 세상을 너무 무섭게만 생각하지 않았으면 좋겠구나. 저기 풀들을 봐라. 다 똑같지 않지? 키가 큰 식물, 키가 작은 식물, 잎이 넓적한 풀, 잎이 좁은 풀……. 서로 다른 자신만의 특징으로 적응하며 살아가고 있는 거란다.

진우도 진우만의 개성을 강점으로 살려서 세상을 살아가면 돼. 나도 어린 시절 집안의 골칫거리였다가 지금은 골골거리는 어른으로 살고 있지만, 그래도 내 분야에서는 확실한 업적을 남겼잖니."

다윈 아저씨의 진심 어린 말에 눈물이 날 뻔했다. 살면서 이렇게 따뜻한 위로는 처음이었다.

전혀 다른 것을 엮어 보다 : 식충 식물 실험

그날 집으로 돌아온 나는 아저씨와의 대화를 두고두고 다시 생각했다. 내 주변의 많은 사람들이 진화론을 알고 있지만, 아저씨의 끝도 없는 노력을 제대로 아는 사람은 거의 없을 것이다.

사실 아저씨가 마당에 꿇어앉아 잡초를 세고 있던 그때는 그렇게 평화로운 시기가 아니었다. 1958년, 《종의 기원》을 출판하기 딱 한 해 전, 월리스라는 과학자가 다윈 아저씨의 이론과 거의 비슷한 이론을 주장하는 논문을 보내왔던 것이다. 아저씨는 월리스의 논문을 보고 한동안 아무 일도 할 수 없었다고 한다. 20여 년에 걸친 연구의 업적을 남에게 빼앗길 수 있다는 생각이 들었을 테니 당연히 힘이 빠졌을 거다.

나 같으면 화가 나서 펄펄 뛰었을 텐데…….

하지만 다행히도 다윈 아저씨와 월리스가 연구 성과를 두고 다투는 일은 일어나지 않았다. 다윈 아저씨의 연구를 도와줬던 여러 친구들은 아저씨의 논문과 월리스의 논문을 동시에 학회에 제출하자고 했고, 별다른 소동 없이 두 사람의 논문은 세상에 나왔다.

다윈 아저씨는 학자들이 자신의 논문을 읽고 반대하거나 항의할 거라 걱정했지만, 의외로 큰 무리 없이 논문은 통과가 되었다. 이제 내가 아는 그 《종의 기원》을 쓸 일만 남았던 것이다.

"그래, 내가 부러워해야 할 것은 바로 아저씨의 의지야!"

전쟁터에 나가는 군인의 마음으로, 나는 과학자가 되기 위한 나의 마음을 다시 한번 확인했다.

그리고 다윈 아저씨를 찾아가려다 문득 책장의 유리병을 보았다. 달랑 2개만 남아 있었다.

"혹시?"

나는 불길한 예감에 고개를 갸우뚱거렸다. 하지만 나의 불길한 예감을 확인하려면 다윈 아저씨의 연구실을 다녀올 수밖에 없었다. 나는 설마, 설마 고개를 내저으며 아저씨의 연구실로 향했다.

"쨍그랑!"

"오, 진우 왔구나!"

다윈 아저씨는 여전히 나를 반갑게 맞아 주었다. 그런데 오늘은 손에 조그만 통을 들고서 방을 나서는 모습이,

꼭 어딜 가려다 만 모양이었다.

"어디 가세요?"

"아, 온실에 가려던 참이었지. 끈끈이주걱하고 파리지옥을 돌봐 주러 말이다."

"우아, 아저씨! 끈끈이주걱이랑 파리지옥도 기르세요? 저도 길러 봤어요!"

나는 자연스럽게 아저씨를 따라 걷기 시작했다. 아저씨는 연구실을 나와 뒷마당에 있는 작은 온실로 향하며 이야기를 이어 갔다.

"하하, 나도 《종의 기원》을 쓰고 나서 기르기 시작했어. 책을 쓰느라 너무 무리해서 몸이 약해지는 바람에 휴가를 갔다가 끈끈이주걱을 처음 봤지. 식물이 곤충을 먹다니 너무나 신기해서 당장 집으로 가져와 기르기 시작했단다."

"저도 그게 가장 신기하더라고요. 식물이라면 동물의 먹이가 되어 주고 공격할 줄 모르는 평화로운 느낌이잖아요? 그런데 얘는 그렇지 않아서 처음에는 조금 무서웠어요."

"그래, 나도 바로 그런 느낌이었지. 다른 식물들과 똑같은 척 조용히 서서 곤충을 유인한 다음에, 끈적끈적한 잎으로 사냥을 하다니! 육식 동물이 숨어 있다가 사냥감을 덮치는 모습과 비슷한 것 같았거든."

 와우, 나와 꼭 맞는 친구와 수다를 떠는 것 같은 유쾌한 이 기분! 나는 신이 나서 더 종알거렸다.

 "맞아요, 맞아. 제 실험실 옆 담벼락에 담쟁이덩굴이 있는데, 여름이면 덩굴손이 하루하루 자라는 게 보이거든요. 근데 그 끄트머리가 꼭 어디로 올라갈까 살펴보는 동물의 머리 같아요. 식물과 동물이 은근히 비슷해 보인다니까요."

 "사실 내 진화론으로 보면 식물과 동물은 한 조상에서 시작되었다고 볼 수 있어. 화학 구성이나 세포 구조, 자라는 모습이나 번식하는 모습에 비슷한 점이 많거든. 나는 그래서 지구 상의 모든 생물이 사실은 하나의 원시적인 생명 형태에서 시작되었다고 보고 있지."

 "어, 그러니까 아저씨는 끈끈이주걱에 동물의 특징과 식물의 특징이 모두 들어 있다고 생각하시는 거예요?"

 "그렇지!"

 아저씨는 온실 문을 열고 들어가 한 줄로 쭉 늘어선 식충 식물들을 보여 주었다. 잎이 접히면서 곤충을 잡는 파리지옥이나 끈끈한 액을 달고 있는 끈끈이주걱, 긴 통이 달린 벌레잡이통풀 등 다양한 종류의 식충 식물이 있었다. 아저씨

는 손에 들고 있는 통에서 죽은 파리를 꺼내 하나씩 화분에 놓아 줬다.

볼일을 마친 아저씨는 온실 한구석에 있는 의자에 앉으며 나에게도 앉으라고 권했다. 햇살은 따끈따끈하고, 온실 여기저기에서 나는 달콤한 냄새에 기분이 좋아졌다. 아저씨는 고양이를 껴안듯이 끈끈이주걱 화분을 하나 안더니 재미있는 이야기를 시작했다.

이때만 해도 식물은 광합성을 해서 영양분을 만든다는 사실이 널리 알려져 있었거든. 그래서 식물이 곤충을 먹으려고 잡는다는 생각은 아무도 하지 않았어. 하지만 나는 끈끈이주걱 촉수의 생김새가 해파리나 불가사리가 먹이를 잡을 때 쓰는 촉수와 비슷하다고 생각했어. 그래서 끈끈이주걱 역시 이런 동물들처럼 곤충을 먹으려고 잡는 것이라 추측했지.

난 끈끈이주걱이 촉수에 걸린 것이 먹이인지 아닌지를 어떻게 구별하는지 알아보기로 했단다. 관찰해 본 결과 끈끈이주걱 촉수에 걸린 모든 것을 잡아채는 건 아니었거든. 그래서 다양한 먹이를 주었어. 심지어 머리카락 뭉치나 발톱도 말이지. 하지만 그건 다 밀어내더구나. '이런 걸 먹으라고 준 거야?' 하고 말하듯이 말이야.

그러다 끈끈이주걱이 잘 먹는 것들의 공통점을 알아냈어. 바로 식물이 잘 자라는 데 필요한 '질소 화합물'이 들어 있는 먹이들이었지. 그래서 한 가지 가설을 세워 봤단다.

끈끈이주걱이 주로 자라는 늪지에는 질소가 부족함.
▼
광합성으로 만든 영양소만으로는 잘 자랄 수 없음.
▼
적응하여 벌레를 잡아먹게 됨.

가설을 세운 뒤에는 질소가 있는 먹이와 없는 먹이로 구분을 해서 다시 실험을 했어. 그러자 끈끈이주걱은 질소가 있는 먹이들만 잡아채더구나. 그 녀석은 대단한 화학자였어.

10년 전의 끈끈이주걱 연구는 거기까지 하고 그만두었어. 워낙 다른 일들이 많았거든. 그러다 최근에 끈끈이주걱이 먹이를 소화시키는 능력에 대해 다시 한번 알아보기로 했지.

내 눈에는 말이다, 끈끈이주걱이나 파리지옥이 마치 동물의 '위'와 같아 보였거든. 나는 끈끈이주걱이 내뿜는 액체가 소화와 관계있을 거라 생각했단다.

그러다 끈끈이주걱의 잎이 평소에는 중성을 유지하다가 먹이를 먹고 나서는 산성이 된다는 걸 밝혀냈어. 난 확실한 결과를 이끌어 내기 위해 끈끈이주걱에게 먹이를 주고 나서, 산성 소화액을 중성으로 바꿔 버렸지. 그랬더니 이 녀석들이 먹이를 소화시키지 못하더라고.

나는 여러 번 실험을 반복해 가며, 끈끈이주걱에서 나오는 액체가 동물의 위에서 나오는 소화액과 비슷하다는 주장을 하게 되었단다.

나도 모르게 입을 헤 벌리고 아저씨를 쳐다보고 있었다.

"우아, 저도 끈끈이주걱과 파리지옥을 키웠지만 궁금증도 없이 '곤충을 먹는 식물도 있구나.' 하고 말았는데……. 역시 다윈 아저씨는 위대한 과학자가 분명해요!"

"허허, 그렇게 자책할 필요는 없어. 나야 그 당시에 진화론에 푹 빠져 있을 때였고, 사람들이 내 진화론을 가지고 이러쿵저러쿵하는 것이 속상했거든. 그러다 보니 동물과 식물을 아우를 수 있는 식충 식물을 유심히 살펴본 것이었으니 말이다."

 아저씨는 다정한 목소리로 나를 위로해 주었다.

첫 번째 실험에 실패하다

 다윈 아저씨의 연구실에서 돌아온 다음 날, 나는 엄마를 졸라 끈끈이주걱 화분을 10개나 샀다. 엄마는 꼭 이렇게 많이 사야 하냐고 투덜거렸지만, 내가 단호하게 말했다.
 "나의 연구를 위해서 꼭 필요해요! 과학자의 지적 호기심은 실험으로 채워야 한다고요!"
 내 연구실은 끈끈이주걱 실험을 하기에 아주 알맞은 곳이다. 제법 따뜻하고 습한 데다가 날파리며 작은 거미를 어렵지 않게 잡을 수 있으니까. 나는 틈만 나면 벌레를 잡아 통 안에 넣어 두었다. 그리고 5개의 화분에는 부지런히 먹이를 주고, 나머지 5개의 화분에는 물만 줘서 어떤 일이 일어나는지 알아보기로 했다.

다윈 아저씨의 예상이 맞다면, 그리고 내가 알아본 것들이 맞다면, 먹이를 준 끈끈이주걱은 건강하게 자라고 먹이를 주지 않은 끈끈이주걱은 시들시들해져야 했다.

아니 그런데 하루, 이틀, 일주일, 이 주일이 지나는 동안 10개의 화분이 모두 시들시들해졌다. 특히나 먹이를 준 화분들의 잎이 누렇게 말라가는데 도저히 이해를 할 수가 없었다. 내가 얼마나 열심히 벌레를 잡아 줬는데, 너희들 너무한 거 아니냐?

"너무 많이 먹어도 시드는 건가? 고작 화분 10개를 가지고 하는 실험인데, 이런 것도 못하면 어쩌지……."

나는 우울한 마음으로 다시 다윈 아저씨를 찾아가기로 마음먹었다. 그러다 문득 생각이 났다.

"참, 저번에 유리병 숫자가 줄어들었는지 봤어야 했는데……."

나는 의자를 밟고 올라가 고개를 쑥 내밀었다. 순간 가슴이 철렁 내려앉았다. 처음 발견했을 때는 분명히 병이 몇 개나 줄줄이 서 있었는데, 이제 남아 있는 건 딱 하나였다.

"설마, 내가 그곳에 갈 때마다 하나씩 줄어들었던 건가?"

내 가설이 맞다면, 이번이 마지막으로 다윈 아저씨를 볼 수 있는 기회였다. 실험에 실패했다고 투덜거리기 위해 다윈 아저씨를 찾아가는 게 맞는 건가? 나중에 좀 더 중요한 것을 의논해야 할 때 찾아가야 하는 게 아닐까? 그래서 아저씨를 당장 찾아가는 것을 미루고 생각에 잠겼다. 창가에 내놓은 끈끈이주걱들이 유달리 시들시들해 보였다.

"쟤들이 주인 마음을 아는 건가?"

난 아저씨가 잘 지내고 있는지 궁금해 인터넷을 뒤지기 시작했다. 찾아가지 못한다면 아저씨가 끈끈이주걱으로 실험

한 기록이라도 살펴봐야지. 그러다 문득 한 구절이 눈에 들어왔다.

'다윈은 이런 실험을 생각해 낸 아들을 자랑스러워했지만, 아들의 실험 결과를 끝까지 지켜보지 못하고 세상을 떠났다.'

세상에! 그렇다면 몇 년 후에는 아저씨가 세상을 떠난다는 뜻인데……. 난 갑자기 마음이 급해졌다. 다윈 아저씨의 시간이 얼마 남지 않았을 거라는 생각은 하지도 못한 채, 언제든 찾아가도 되는 것처럼 안심하고 있었던 것이다.
"김진우, 이 바보! 아저씨가 100년도 더 전에 죽은 위인이란 걸 까맣게 잊고 있었다니. 집에 있는 홍삼이라도 갖다 드렸어야지!"
난 아저씨가 더 아프고 약해지기 전에 이야기를 나누고 싶었다.
"다윈 아저씨, 금방 갈게요!"

모르는 것을 숨기지 말자

마지막으로 아저씨의 서재에 방문한 날, 늘 바쁘게 움직이던 다윈 아저씨는 소파에 앉아 있었다. 나는 얼른 달려가 아저씨의 손을 꼭 잡았다.

"콜록콜록, 진우 왔구나! 몸이 좋지 않아서 잠시 앉아 있었지. 그런데 무슨 일 있니? 표정이 어둡구나."

역시나 아저씨였다. 몸이 아픈 중에도 내 표정부터 살피다니…….

"실은 끈끈이주걱 화분 10개로 실험을 했는데 망쳤어요. 이상하게 벌레를 준 끈끈이주걱도, 물만 준 끈끈이주걱도 다 시들시들해요. 실험을 할 때 뭔가가 잘못된 것 같은데 그게 뭔지 몰라서 속상해요. 전 연구하고 실험하는 데 재능이 없나 봐요."

"하하, 무슨 소리야. 연구와 실험은 재능이 아니라 성실함으로 하는 거야. 게다가 과학자라면 누구나 그럴 때가 있지. 걱정하지 마. 성공적인 실험을 위해서라면 이런저런 실패는 필요한 법이니까. 게다가 어떨 때는 열심히 연구했지만 답

을 전혀 모를 수도 있단다."

"에이, 아저씨같이 훌륭한 과학자도 그런 게 있어요? 믿기 힘든데요!"

"그럼 당연하지! 과학자라면 자기가 모르는 걸 받아들이고 숨기지 않는 것도 중요해. 어디 보자. 오늘은 너에게 '윙윙이 자리' 이야기를 해 주면 좋겠구나."

"윙윙이 자리요? 그거 재미있겠어요."

다윈 아저씨는 나를 맞은편에 앉히고 천천히 이야기를 시작했다.

내 아들 조지가 8살 무렵이었나? 하루는 조지가 참나무 근처에 띠호박벌의 벌집이 있다는 거야. 내가 알기로는 거기 벌집이 없었거든. 그러니까 조지가 묻더구나. 벌집이 아닌데 왜 벌들이 멈춰 서냐고 말이다.

그래서 조지와 함께 그곳에서 기다렸지. 그랬더니 정말로 벌들이 한 마리씩 참나무 근처에 왔다가 가더구나. 우리는 그곳을 '윙윙이 자리'라고 불렀지. 벌들은 정해진 길로 날아다니다 윙윙이 자리에 멈춰 서곤 했는데, 나는 벌들이 왜 하필 그곳에 멈춰 서서 윙윙대는지 너무너무 궁금했단다. 그래서 집에 있는 아이들을 죄다 불러 모아 벌들을 쫓아다니게 했지. 우리는 모두 11곳의 윙윙이 자리를 찾았고, 아이들은 각 윙윙이 자리 근처에 서 있다가 벌들이 나타나면 소리를 질렀지.

우리는 3년이나 벌을 쫓아다니며 실험을 했어. 봄이 되어 여왕벌이 바뀌거나, 갓 태어난 어린 벌들도 하나도 빠짐없이 이전의 벌들과 똑같이 그곳으로 왔어. 우리는 윙윙이 자리 주변의 풀을 없애기도 하고, 그물로 덮어 보기도 했는데 딱 그 지점에 멈춰 서서 윙윙거리더구나.

그런데 말이야, 그렇게 오랫동안 관찰을 하고 실험을 했는데도 왜 윙윙이 자리가 생겼는지 이해를 할 수 없었어. 하지만 나는 아이들에게 거짓말을 하지 않았단다. 모른다는 것을 숨기는 것은 과학자의 연구에 전혀 도움이 되지 않아. 이 실험은 성과 없이 끝났지만 내가 나중에 벌집 연구를 하는 데 큰 도움을 주었단다. 잊지 마렴, 진우야. 당장은 실패처럼 보여도 실패가 아닌 일들은 정말 많으니까 말이다.

아저씨는 어쩐지 내가 다시 이곳에 올 수 없다는 걸 아는 것처럼 이야기를 끝냈다. 나는 눈물이 날 것 같았지만 꾹 참았다.

"아저씨, 근데 저 여기 다시 못 올지도 몰라요. 제가 안 오더라도 너무 섭섭해 하지 마세요."

"그래? 흠, 네가 나타난 날도 갑작스러웠는데 뭐. 언제든

다시 못 올 수도 있다고 생각은 하고 있었지. 하지만 네가 정말로 안 오면 허전할 것 같구나. 네 덕분에 내 연구가 후세의 사람들에게 인정받았다는 걸 알게 되어서 기운이 났거든. 고맙구나, 진우야."

사실 고맙다고 해야 할 사람은 나인데. 아저씨는 내 마음을 다 아는 듯 싱긋 웃었다.

"자, 그럼 마지막이 될지도 모르는데 너에게 선물을 하나 주마."

아저씨는 책상 서랍에서 두툼한 노트를 하나 꺼내 나에게 건넸다.

"우리 진우도 과학자가 되고 싶다고 했지? 이 노트를 들고 다니면서 여기다 무엇이든 기록하는 습관을 들이렴. 관찰한 것을 그려도 좋고, 네 머릿속에 떠오르는 아이디어를 간단하게 적어 두어도 좋아. 궁금증이 떠오르면 아무리 바보 같은 질문이라도 여기에 써 놓고 다시 곱씹어 보렴. 그렇게만 하면 네가 하고 싶은 일을 하면서 남은 인생을 보낼 수 있을 거야."

사실 마지막 날 아저씨와 어떤 이야기를 하다가 집에 돌아왔는지는 잘 기억이 나지 않는다. 그저 '아저씨가 몇 년 있으면 돌아가시겠구나.' 하는 슬픔과 아쉬운 마음으로 가득 차 있었기 때문이다.

나는 무사히 연구실로 돌아왔다. 아쉬운 마음에 손전등까지 써 가며 책장을 다시 살폈다. 하지만 유리병이 있던 칸은 그런 게 언제 있었냐는 듯 자국조차 없었다. 유리병이 깨진 흔적도 전혀 없었다. 정말 아쉽긴 했지만, 그동안 아저씨와 몇 번이고 이야기를 나누었던 게 행운이라는 것도 잘 알고 있었다.

그날 저녁, 난 거실 책장에 꽂혀 있는 《종의 기원》을 쳐다봤다. 옛날 같으면 책이 왜 이렇게 두껍냐며 볼멘소리를 했겠지만 이제는 알 수 있다. 책에 적힌 실험 하나하나에 깃든 아저씨의 수고에 비하면, 이런 두께는 아무것도 아니라고.

나는 크게 심호흡을 하고 아저씨가 준 노트를 펼쳤다. 맨 첫 장에 '김진우의 연구 노트'라고 쓰고 나니 두근두근 심장이 뛰기 시작했다. 난 여기에 어떤 질문들을 쓰고, 어떤 생각들을 적을까? 늘 노트를 손에 들고 다니며 무엇이든 기록해 두라고 했던 아저씨의 목소리가 생생하게 되살아나는 것 같았다.

난 맨 뒷장을 조심스럽게 펼쳤다. 신중하고도 힘 있게 써 내려간 찰스 다윈 아저씨의 이름이 또렷하게 남아 있었다.
좋아, 이 이름에 부끄럽지 않은 멋진 과학자가 되어야지!

화석이란 무엇일까?

화석은 생물의 진화 과정을 밝히는 데 중요한 증거로 쓰여요. 화석이란 지질 시대에 살았던 동식물의 몸체나 흔적이 지층 속에 남아 있는 것이에요. 동물의 몸체에 해당하는 뼈, 동물이 남긴 흔적에 해당하는 발자국, 배설물, 알 등도 화석이 될 수 있어요.

경상남도 고성군 해안에서 발견된 중생대 백악기 공룡의 발자국 화석이에요.

모든 화석이 돌로 되어 있는 것은 아니에요. 나무에서 흘러나온 끈끈한 액체가 굳어서 호박이 되는데, 호박 속에 곤충이 들어가 화석이 되기도 해요. 시베리아의 언 땅속에서 멸종된 매머드가 발견되기도 했는데 이것도 화석이에요. 나무줄기 속으로 다른 물질이 스며들어 굳어진 화석을 규화목이라고 해요. 규화목은 나무의 모양, 나뭇결, 나무의 크기 등이 잘 보존되어 있어 옛날에 살았던 식물을 연구하는 데 도움이 돼요.

아프리카 나미비아의 화석림에서 발견된 규화목이에요. 화석림은 살아 있던 상태와 거의 같은 형태의 규화목들이 모여 있어요.

🐚 화석은 어떻게 만들어질까?

화석은 생물의 단단한 부분이 남아서 만들어져요. 그렇다고 모든 동물이 죽어서 화석이 되는 것은 아니지요. 화석이 되는 과정을 살펴보아요.

① 죽은 동물이 호수나 강바닥에 가라앉아요.

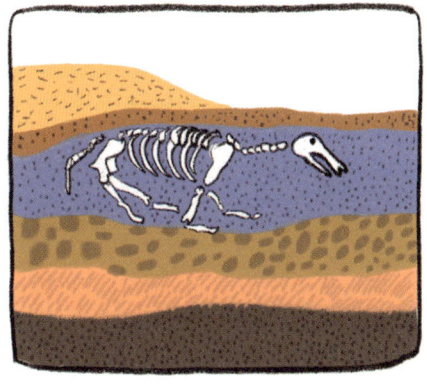

② 부드러운 살은 썩고 뼈나 껍데기처럼 단단한 부분만 남아요.

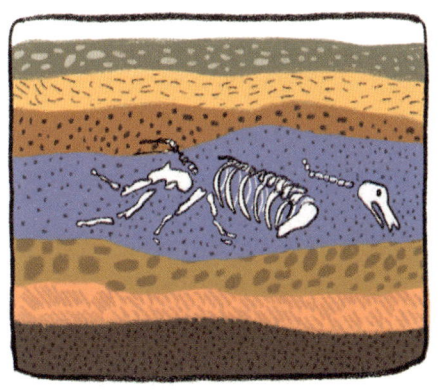

③ 그 위로 퇴적물이 쌓이고 지층이 만들어지면서 뼈는 화석이 되어요.

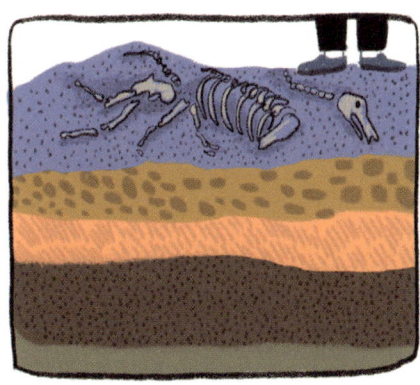

④ 오랜 시간이 지나 지층이 솟아오르면서 화석이 발견되어요.

🐚 화석이 만들어지는 조건은 무엇일까?

만약 모든 동물이 죽어서 화석이 된다면 이 세상은 화석으로 가득할 거예요. 화석이 되려면 여러 조건이 맞아떨어져야 하지요. 화석이 되려면 어떤 조건이 필요할까요?

· **몸에 단단한 부분이 많아야 해요!**

　뼈나 껍질, 이빨, 뿔 등 몸에 단단한 부분을 많이 지닌 생물이 화석으로 남을 가능성이 많아요. 단단한 부분은 충격에 강하고 긴 시간 동안 잘 보존되기 때문이지요.

· **빠른 시간 안에 묻혀야 해요!**

　죽은 생물은 빠른 시간 안에 묻혀야 해요. 다른 생물에게 먹히지 않고 금방 썩지 않아야 하기 때문이지요.

· **지각 변동을 겪지 않아야 해요!**

　땅속에 있는 동안 높은 열이나 압력을 받으면 화석이 될 수 없어요. 만약 화산이 폭발한다면 화석도 녹아 버리고 말 거예요.

· **생물의 개체 수가 많아야 해요!**

　모든 조건을 갖추었더라도 생물의 개체 수가 많아야 화석으로 남을 확률이 높아요.

삼엽충 화석이에요. 삼엽충은 고생대에 살았던 바다 생물로, 여러 개의 마디로 된 단단한 등딱지를 가지고 있어요.

🐚 화석 만들기 실험

화석 만들기 실험을 해 보면서 화석이 만들어지는 과정을 경험해 보아요.

찰흙 반대기에 조개껍데기를 올려놓고 손으로 꾹 누른 다음 조개껍데기를 떼어 내요.

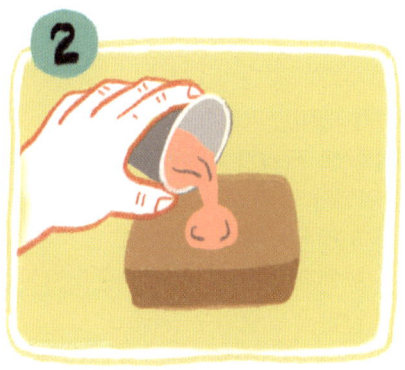

종이컵에 알지네이트 가루와 물을 넣고 나무 젓가락으로 저어 반죽을 만들어요. 찰흙 반대기에 생긴 조개껍데기 자국에 알지네이트 반죽을 부어요.

알지네이트 반죽이 다 굳으면 찰흙 반대기에서 떼어 내요.

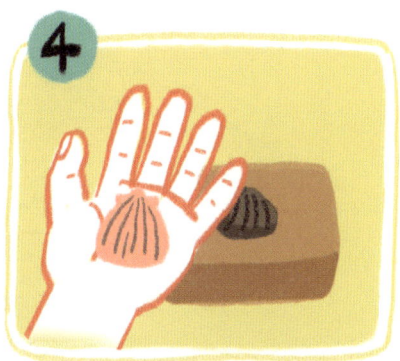

떼어 낸 조개껍데기 화석 모형을 관찰해요.

※ 조개껍데기 화석 모형 만들기에 성공했다면 공룡 모형이나 곤충 모형 장난감을 사용해서 실험을 해 보세요!

화석으로 보는 말의 진화

말은 다른 동물들 중에서도 화석이 많이 남아 있어 진화 연구가 잘 이루어진 동물이에요. 말의 조상은 에오히푸스라는 동물로, 북아메리카 대륙에서 살던 동물이에요. 지금과 달리 키도 작고, 발굽이 아니라 여러 개의 발가락이 있었으며, 풀을 먹지 않고 나뭇가지에 달린 나뭇잎을 먹었지요. 그런데 오랜 시간이 지나면서 몸이 조금씩 변하기 시작한 거예요.

우선 몸의 크기가 커지면서 다리가 길어졌어요. 또 머리가 커지고 얼굴도 길어졌지요. 먹이가 나뭇잎에서 풀로 바뀌면서 어금니는 소화를 돕기에 적합하게 넓적하고 주름이 많은 이빨로 바뀌었고요. 다리뼈와 근육은 다리를 앞뒤로 빨리 움직이기 좋도록 변했고, 발가락 역시 가운뎃발가락만 커지고 양쪽의 발가락이 퇴화하면서 지금의 말발굽 모양이 된 거예요.

이 과정에서 말은 달리는 능력 하나만큼은 다른 동물들에 비해 훨씬 더 뛰어나게 되었답니다.

말의 조상으로 알려진 에오히푸스 화석이에요.

살아 있는 화석, 실러캔스

실러캔스는 고생대 무렵부터 나타났다가 백악기 후기 무렵 공룡과 함께 멸종한 어류로 알려져 있어요. 그러다 1938년 남아프리카 연안에서 실러캔스 화석과 똑같은 모습의 살아 있는 물고기가 발견되었어요. 사라진 줄만 알았던 실러캔스가 무려 4억 년 동안이나 모습을 유지하고 있어, '살아 있는 화석'으로 불려요.

실러캔스는 8개의 지느러미가 있으며 머리가 매우 단단해요. 또 작은 돌기 모양의 단단한 비늘로 온몸이 덮여 있으며, 부레에 기름을 채우는 방식으로 몸을 뜨게 하지요. 다 크면 2미터 이상으로 커지며 60년 정도 살아요.

실러캔스는 심해에서 살며 전기 파장을 이용해 먹이를 찾아요. 헤엄을 칠 때면 좌우의 배지느러미와 가슴지느러미를 엇갈려 움직여서 마치 소나 개가 걷는 모습과 비슷하다고도 해요.

이처럼 실러캔스는 고대 어류가 육상 동물로 진화한 과정을 밝혀내는 데 중요한 열쇠를 가지고 있답니다.

살아 있는 화석으로 불리는 실러캔스 화석이에요.

감수자의 말

다윈의 진화론이 등장하기 전, 사람들은 세상이 자비로운 신에 의해 완벽하게 창조되었다고 믿었습니다. 진화나 변화가 필요 없었죠. 다윈도 처음에는 그렇게 생각했습니다. 동식물 채집과 자연 탐사 활동을 좋아하던 다윈이 1831년 비글호에 승선한 것은 행운이었습니다. 5년간의 다양한 탐사 활동을 끝내고 영국으로 돌아올 때쯤 다윈은 생물은 진화한다는 확신을 갖게 되었습니다.

다윈이 쓴 《종의 기원》은 생물이 진화한다는 것을 아무도 부정하지 못하게 명백히 말해 주지만 책이 출판될 때까지는 오랜 시간이 필요했습니다. 신중했던 다윈은 자신의 진화설을 쉽게 발표하지 않았죠. 20년 이상 숙고하고 진화의 증거를 수집하고, 자연 선택에 의한 진화설의 근거를 더 연구했습니다. 그러다 진화에 관해 다윈 자신과 거의 같은 생각을 하고 있다는 월리스의 편지를 받고 나서야 서둘렀지요. 다윈은 드디어 생물이 자연 선택에 의해 진화한다는 이론을 담은 《종의 기원》을 발표하게 됩니다.

《종의 기원》 발표 이후 사람들은 생물이 진화한다는 사실을 더 이상 부정할 수 없게 되었죠. 생물이 진화한다는 생각은 생물학뿐만 아니라 다른 분야에도 큰 영향을 미쳤습니다. 저명한 생물학자인 도브잔스키는 '생물학에서 진화를 빼면 그 어느 것도 의미가 없다.'라고 말하기도 했습니다. 실제로 생명 현상의 대부분은 진화적인 시각을 갖고 바라보아야 비로소 그 의미를 깨닫게 되는 경우가 많습니다.

《찰스 다윈, 진화의 비밀을 풀다》는 과학자를 꿈꾸는 소년 진우가 시간과 공간을 넘어 다윈을 만난 이야기가 흥미진진하게 펼쳐집니다. 진우는 친절하고 다정한 '다윈 아저씨'에게 비글호 항해 이야기, 독특한 실험 이야기 등을 들으며 진화에 대한 개념은 물론 다윈의 인간적인 면모를 알게 됩니다. 그러면서 진우도 다윈처럼 창의성과 인내, 그리고 성실이라는 덕목을 갖춘다면 훌륭한 과학자가 될 수 있다는 자신감을 갖게 되지요.

진화와 생물학에 관심이 많은 학생들, 위대한 과학자 다윈의 인간적인 모습과 업적이 궁금한 학생들, 그리고 창의적인 생각과 성실한 자세로 자신의 꿈을 이루고픈 학생들에게 이 책을 권합니다.

서울 중화고등학교 교감 김학현

찰스 다윈, 진화의 비밀을 풀다

펴낸날 초판 1쇄 2022년 6월 28일 | 초판 2쇄 2023년 12월 27일

글 서보현 | **그림** 안은진 | **감수** 김학현
편집 박주미 | **디자인** 김윤희 | **홍보마케팅** 송수현 | **관리** 최지은 이민종
펴낸이 최진 | **펴낸곳** 천개의바람 | **등록** 제406-2011-000013호 | **주소** 서울시 영등포구 양평로 157, 1406호
전화 02-6953-5243(영업), 070-4837-0995(편집) | **팩스** 031-622-9413 | **도판** Shutterstock, wikimedia

ⓒ서보현·안은진, 2022 | ISBN 979-11-6573-293-6 73470

* 이 책은 저작권법에 따라 보호받는 저작물이므로 무단전재와 무단복제를 금지하며,
  이 책 내용의 전부 또는 일부를 이용하려면 반드시 저작권자와 천개의바람의 서면 동의를 받아야 합니다.

* 잘못 만든 책은 구입하신 서점에서 바꾸어 드립니다. 천개의바람은 환경을 위해 콩기름 잉크를 사용합니다.
* 종이에 베이거나 긁히지 않도록 조심하세요. 책 모서리가 날카로우니 던지거나 떨어뜨리지 마세요.

제조자 천개의바람 **제조국** 대한민국 **사용연령** 10세 이상